INVENTAIRE
V 29,657

AQUARELLE-GOUACHE,

PEINTURE ORIENTALE.

Procédé de M. Arart.

AIDE-MÉMOIRE

A l'usage des élèves.

Aquarelle-Gouache,

PEINTURE ORIENTALE.

PROCÉDÉ

DE M. ACART.

Six leçons suffisent pour apprendre ce genre de peinture, qui n'exige aucune connaissance du dessin.

AVIS.

On trouve chez Castiaux, Libraire, grande place à Lille, tous les articles qui servent à exécuter la peinture orientale.

On peut se procurer, dans le même magasin, du papier de moëlle de bambou de diverses couleurs, pour découper et peindre des papillons et former des fleurs de toute espèce.

On y vend aussi tout ce qui a rapport à la Miniature, à l'Aquarelle, à la Gouache, etc, etc.

AQUARELLE-GOUACHE,

PEINTURE ORIENTALE.

Procédé de M. Acart.

AIDE-MÉMOIRE
A l'usage des élèves.

A PARIS,
CHEZ DELARUE, LIBRAIRE, QUAI DES AUGUSTINS;
LILLE. — CASTIAUX, LIBRAIRE.

AQUARELLE-GOUACHE,

PEINTURE ORIENTALE.

UN MOT SUR LA PEINTURE ORIENTALE.

Ce procédé simple, nouveau et ingénieux, auquel M. Acart a donné le nom d'*Aquarelle-Gouache*, parce qu'il réunit ce qu'il y a de flatteur dans ces deux genres de peinture, dont il abrège le travail et aplanit les difficultés, est aussi nommé *Peinture orientale* du lieu de son origne, la première idée en ayant été donnée par un Indien à Pounah, qui enseigna sa méthode à Calcutta, Madras, etc. De là le procédé passa en Angleterre, où il fut démontré sous le nom de peinture à la Pounah (*Poonah painting*).

Cette méthode de peinture indienne, quoique fort ingénieuse, était originairement très-compliquée et ne s'appliquait qu'aux fleurs : ce n'était encore que l'enfance de l'art.

Il était réservé à deux dames anglaises, (Mesdames Cornish et Cook), de multiplier les avantages que l'on pouvait tirer de ce nouveau système de coloris. Ces dames, d'après l'idée de la méthode indienne qu'elles refondirent entièrement, obtinrent des résultats si étonnants, qu'elles comptèrent bientôt au rang de leurs élèves plusieurs membres de la famille royale anglaise, et obtinrent partout où elles donnèrent leçon, un succès d'autant plus flatteur qu'il était mérité.

Élève de ces deux dames, c'est à leurs leçons que, sans connaissance préalable de peinture ni de dessin, M. Acart doit l'avantage de démontrer une méthode simple, agréable et expéditive, qui, au bout de six leçons, met l'élève à même (à l'aide de nombreuses additions faites par lui à la méthode de ses institutrices), de copier et colorier avec exactitude, les ouvrages de nos meilleurs maîtres, en fleurs, fruits, insectes, oiseaux, coquillages, etc., sur le carton vélin, le bois, la soie, le velours, le papier de moëlle de bambou, etc.

Aux personnes qui dessinent et peignent, cette méthode présente une grande économie de temps, elles peuvent, en l'employant, obtenir des ouvrages très-achevés, soit d'après un modèle ou d'après nature, dans un laps de temps nécessaire pour esquisser et donner les premières teintes par le procédé ordinaire. Ces personnes pourront aussi aisément appliquer la méthode à la figure et au paysage simple.

Mais c'est à ceux qui n'ont aucune connaissance de peinture ni de dessin, dont le goût pour ces arts s'est éveillé trop tard, ou dont le loisir ne permet pas de se livrer à des études toujours longues, surtout à ceux qui aiment à apprendre sans se donner beaucoup de peine, que cette méthode offre des avantages inappréciables, puisqu'au bout de six leçons, elles pourront se faire un album choisi dans les belles collections de Redouté, Levaillant, etc., et peindre quantité d'objets de goût, soit écrans, ornements de cheminées, groupes, vases de fleurs et de fruits, etc.

Néanmoins, l'expérience ayant prouvé qu'en l'absence du maître, et après les six leçons, dont le cours est formé, il arrivait souvent que les élèves oubliaient plusieurs des observations qui leur avaient été faites, par rapport au mélange des couleurs, ou à leur emploi dans la peinture d'un grand nombre d'objets ; M. Acart, pour remédier à cet inconvénient, a rédigé cet Aide-Mémoire, dans lequel il a fait entrer tous les renseignements dont ses élèves peuvent avoir besoin après qu'il leur a fait connaître son procédé.

DES COULEURS
ET DE LEUR MÉLANGE.

DE LA BOITE DE COULEURS.

La boîte nécessaire pour peindre par le procédé démontré par M. Acart, se compose de douze couleurs ; savoir :

Bleus
- Bleu de Cobalt
- dito de Prusse.
- dito Indigo.

Jaunes
- Jaune de Chrôme (1).
- dito d'Ocre.
- dito Indien.

Rouges
- Carmin.
- Laque carminée.
- Vermillon (2).

---

(1) Ce jaune est aussi nommé jaune d'or.
(2) Il est difficile de se procurer le *vermillon* aussi pur qu'on doit le désirer, c'est ce qui détermine quelquefois à lui substituer le *minium* (rouge de Saturne), mais cette dernière couleur perd bientôt sa fraîcheur, et noircit, plus qu'aucune autre couleur minérale, celles qui l'approchent.

Terre de Sienne brûlée.
Blanc léger (1).
Noir d'ivoire (2).

DU MÉLANGE DES COULEURS.

En mélangeant ces couleurs comme il est expliqué ci-après, on en obtient un grand nombre d'autres, comme le Vert, le Violet, l'Orangé, le Gris, etc.

1.° VERT (*mélange de Jaune et de Bleu*).

1er Mélange. LE VERT PALE s'obtient en délayant ensemble du jaune de Chrôme et du bleu de Prusse (3).

---

(1) Le blanc sert lorsque l'on veut faire paraître sur un fond rembruni, une couleur plus pâle; pour cet effet, on l'emploie seul ou mélangé avec les autres couleurs, ce qui les rend opaques et propres à gouacher.

(2) Substitué au brun de Vandick dont la fabrication est encore imparfaite, variant trop souvent de teinte.

(3) On se sert pour délayer les couleurs, de pa-

2.ᵉ Mélange. *Vert plus foncé*. Jaune indien ou ocre et bleu de Prusse, ou indigo et jaune de Chrôme.

3.ᵉ Mélange. *Vert très-foncé*. Jaune indien et indigo, ou terre de Sienne et indigo.

L'on peut encore foncer davantage en ajoutant un peu de laque, même un peu de noir.

Il est inutile d'observer que plus le jaune domine plus le vert est pâle, et que le bleu dominant le rend plus foncé. Avec parties égales de jaune de Chrôme et de bleu de Prusse, on obtient du vert dragon Trois parties du même jaune contre une de bleu, font un vert pistache, tandis que deux parties d'indigo contre une de jaune indien, donneront un vert bouteille, etc.

---

lettes en biscuit de porcelaine blanche ou de faïence, auxquelles on peut au besoin substituer une assiette, toujours préférable à de petits godets qui ne présentent point une surface assez large pour bien étendre les couleurs.

2.° VIOLET (*mélange de Rouge et de Bleu*).

1.ᵉʳ Mélange. *Violet pâle ou Lilas.* Parties égales de bleu de Cobalt et de carmin ;

2.ᵉ Mél. *Violet plus foncé.* Parties égales de bleu de Prusse et de carmin donnent un violet plus foncé, appelé violet d'évêque.

3.ᵉ Mél. *Violet très-foncé.* Deux parties d'indigo contre une de carmin.

Nota. *La laque peut s'employer au lieu de carmin, mais elle donne des teintes moins brillantes.*

3.° ORANGE (*mélange de Rouge et de Jaune*)

1.ᵉʳ Mélange. *Orange pâle.* Parties égales de jaune de Chrôme et de carmin donnent une teinte aurore.

2.ᵉ Mél. *Orange foncé.* Une partie de jaune de Chrôme, deux parties de vermillon, et une partie de carmin, font une belle couleur orangée.

Nota. *Le jaune et le vermillon excessivement légers, le vermillon dominant, donnent une couleur de chair ; si au contraire le jaune do-*

mine, on obtient des chamois, et si à cette couleur on ajoute un peu de noir, on aura alors la couleur Isabelle.

Une partie de jaune de Chrôme et trois parties de carmin, donnent la couleur écarlate.

4.º BRUNS.

1.ᵉʳ Mélange. La couleur marron s'obtient avec de la terre de Sienne mêlée d'un peu de carmin et de noir.

2.ᵉ Mél. Le rouge brique se fait avec parties égales de terre de Sienne et de laque.

5.º GRIS OU TEINTE NEUTRE.

Le gris ou teinte neutre se forme d'un mélange de bleu, de laque et de jaune On désigne l'espèce par le rapprochement qu'il a avec une de ces couleurs; ainsi le gris où le jaune domine s'appelle gris-jaune ; celui où il y a plus de bleu, gris-bleu ; et celui où le rouge entre en plus grande quantité, gris-rouge.

En employant parties égales de deux couleurs et une plus faible d'une troisième, on obtient savoir : du gris-vert, avec parties égales de bleu et de jaune et un peu de laque; du gris-violet, parties égales de bleu et de laque et un peu de jaune ; du gris-orangé, parties égales de jaune et de laque et un peu de bleu.

Ces différents gris ne sont guères employés dans la peinture orientale. On se sert de préférence dans ce genre de peinture, de la teinte neutre, formée de noir mêlé d'un peu de bleu de Prusse et de laque.

OBSERVATIONS SUR LE MÉLANGE DES COULEURS (1).

En mélangeant les couleurs, il faut avoir soin de délayer sur la palette la couleur la plus claire en premier, gardant la tablette la plus foncée pour la dernière; ainsi, pour composer du vert, il faut broyer le jaune en premier

---

(1) Le vermillon, le rouge de Saturne et la mine orange sont des couleurs antipathiques avec les bleus; leur mélange est toujours évité par les artistes, qui ont reconnu qu'il ne produisait que des tons louches ou faux.

et le bleu après. Il vaudrait mieux encore délayer toutes les couleurs que l'on doit mélanger sur la même palette, mais à une petite distance l'une de l'autre, et les mêler ensuite avec un pinceau à laver, de cette manière on conserve ses tablettes intactes et on obtient toujours une couleur pure. Il faut éviter aussi de tremper la tablette dans l'eau. Afin de la délayer, il faut prendre quelques goûtes d'eau avec le manche du pinceau que l'on dépose sur la palette à l'endroit convenable, et si l'on a soin de laisser sécher la tablette avant de la remettre à sa place, on conservera sa boîte fraîche et exempte de souillure.

En délayant une tablette il faut la tenir parfaitement droite avec le pouce et l'index, et tenir ses doigts le plus près possible de la palette, et décrire en broyant une espèce de cercle. Si les doigts étaient trop hauts, ou qu'en frottant on inclinât la tablette, on courrait risque de la briser; si cependant cela arrivait on peut la recoller en mouillant légèrement les deux morceaux et les rapprochant en les pressant quelques minutes l'un contre l'autre.

Lorsque l'on a besoin d'un peu de couleur et que l'on ne veut pas en broyer, il faut éviter d'en prendre sur le plat de la tablette ; il faut en prendre sur une des extrémités ; si l'on agissait autrement, on effacerait le nom de la couleur ou le timbre de la tablette, on l'amincirait et l'on s'exposerait à la casser par le frottement.

Il faut avoir près de soi, pour essayer son pinceau et les couleurs avant de les poser, un morceau de carton destiné entièrement à cet usage ; il faut aussi avoir soin de ne délayer les couleurs qu'avec de l'eau extrêmement pure, de n'en pas mettre une trop grande quantité dans le vase qui doit la contenir, de choisir ce vase d'une forme difficile à renverser, et de n'avoir sur sa table que les objets absolument indispensables. Il faut encore, lorsque l'on veut broyer ou prendre une couleur, avoir soin de ne pas la mélanger avec la couleur voisine, ni même de l'étendre trop près de cette couleur. Avant de délayer une couleur tendre sur la palette, il faut s'assurer que l'endroit où cette couleur doit se trouver soit parfaitement propre, et qu'elle soit à quelque distance des couleurs environnantes. On doit souvent laver ses pinceaux dans une eau de savon.

PRÉCAUTIONS UTILES POUR CONSERVER LA FRAICHEUR DES PEINTURES.

La fraîcheur d'une peinture ajoutant à sa beauté et à son éclat, il est donc nécessaire de tâcher de la conserver ; il faut pour cela faire attention que le carton vélin ne soit point plié ou cassé par les bords de la table ; il faut le toucher le moins possible, afin d'éviter les marques que les doigts, tels délicats qu'ils puissent être, ne manqueraient pas de lui faire, et se servir d'un garde-main, formé d'un papier double, qui préserve l'ouvrage du contact de la main ou de la poussière.

EMPLOI DES COULEURS

DANS

LA PEINTURE DES FRUITS.

Abricots.

Mettez partout du jaune de Chrôme ; foncez avec du jaune indien ; ombrez avec très-peu de noir (1), et terminez avec un peu de terre de Sienne.

Les parties verdâtres demandent un peu de bleu de Prusse, et celles qui paraissent comme brûlées, un peu de terre de Sienne qu'il faut mettre avant le carmin ou la laque.

Brugnons rouges.

Mettez partout du jaune de Chrôme ; foncez avec du jaune indien ; puis mettez beaucoup de carmin ; ombrez avec un peu de noir.

---

(1) L'on doit toujours employer le noir très-légèrement et avec prudence ; il pourrait trop foncer.

Bigareaux.

Voyez pour ce fruit l'article *Raisin noir*.

Cassis.

Voyez le même article.

Cerises.

Donnez une légère couche de jaune de Chrôme par-dessus une autre aussi légère de vermillon; foncez avec du carmin, et ombrez avec très-peu de noir, ayant soin de conserver le point clair du milieu.

Châtaignes.

Voyez l'article *Marrons*.

Citrons.

Mettez du jaune de Chrôme partout; ombrez avec un peu de terre de Sienne brûlée; l'épiderme raboteux de ce fruit s'obtient en tapotant avec de la terre de Sienne (1).

---

(1) Si le fruit est coupé, faites l'intérieur plus pâle que l'écorce, puis formez les côtes.

Fraises.

Mettez du jaune de Chrôme partout ; ombrez avec un peu de noir ; couvrez le tout de carmin, laissant le milieu clair ; marquez les petits points avec du jaune de Chrôme et une petite ligne noire, d'un côté du petit point pour les faire ressortir.

Groseilles blanches (1).

Mettez du jaune d'ocre partout ; conservez autant que possible le point de lumière, puis marquez les côtes.

Groseilles rouges.

Mettez une très-légère teinte de jaune de Chrôme, puis très-peu de vermillon ; ensuite du carmin, conservant le point de lumière et marquant les côtes.

---

(1) L'Ombilic de ces fruits se marque avec un peu de noir.

Groseilles rouges à maquereau. (1)

Mettez une très-légère teinte verte à l'entour ; finissez avec de la laque ; faites les côtes.

Groseilles vertes à maquereau (1).

Employez le vert pâle, ayant soin de laisser le point de lumière, avec peu ou point de couleur ; formez les côtes.

Marrons et Châtaignes.

Mettez partout une teinte de terre de Sienne et de laque ; ombrez avec du noir.

Noisettes.

Mettez partout une teinte de terre de Sienne ; ombrez avec du noir.

Oranges.

Mettez une teinte assez forte de jaune de

---

(1) L'Ombilic de ces fruits se marque avec un peu de noir.

Chrôme, par-dessus très-peu de vermillon ; puis du carmin ; ombrez avec de la terre de Sienne ; les inégalités s'obtiennent en tapotant avec de la terre de Sienne (1).

Pêches.

Donnez d'abord une légère teinte de bleu de Prusse autour ; mettez partout du jaune de Chrôme ; ombrez avec de la teinte neutre ou gris-vert (2) ; finissez avec du carmin.

Poires et Pommes.

Mettez du jaune de Chrôme partout ; foncez avec du vert pâle ; finissez avec de la laque ; faites les lignes avec de la laque, et l'ombilic avec du brun et du noir.

Prunes de Monsieur, etc.

Mettez partout du bleu de Prusse ; puis de

---

(1) Voyez la note de l'article Citron page 19.
(2) Voyez page 13 l'article *gris ou teinte neutre*.

la laque ; foncez avec les mêmes couleurs pour marquer l'ombre.

Prunes de Reine-Claude.

Employez du bleu de Prusse, et ensuite du jaune de Chrôme ; les tâches se font avec de la laque.

Raisins Blancs.

Donnez en bas de chaque grain une teinte foncée de jaune de Chrôme, que vous faites évanouir vers le haut, laissant le point de lumière sans couleur ; couvrez le tout d'une teinte de vert pâle très-légère en haut, et un peu plus foncée vers le bas, ayant bien soin de conserver le point de lumière et le reflet (1).

---

(1) Comme il est urgent de conserver à la fois le point de lumière et le reflet, on se sert de pinceaux plus petits que pour les plus gros fruits, ces mêmes pinceaux s'emploient aussi, pour les Cerises, Fraises et Groseilles. Dans un objet rond et transparent, le point de lumière est si vif qu'il faut conserver le papier sans aucune couleur.

Pour les raisins un peu murs, et pour donner de la transparence, on peut mettre un peu de terre de Sienne brûlée.

Raisins noirs.

Donnez en bas une teinte foncée de laque que vous faites évanouir vers le haut de chaque grain ; mettez du bleu de Prusse sur le tout, clair vers le haut et plus foncé en bas, laissant le point de lumière.

Endroits tachés des fruits.

Ils se font avec de la terre de Sienne que l'on relève d'un trait léger de noir.

EMPLOI DES COULEURS

DANS

LA PEINTURE DES FLEURS.

Fleurs blanches.

Pour narcisse, lys, rose blanche, fleur d'oranger, etc., on laisse le plus possible la couleur du papier, n'ombrant que très-légèrement vers la base des pétales avec de la teinte neutre très-claire (1).

Fleurs bleues.

Pour bleuet, liseron, germandrée, myosotis, etc., on se sert de bleu de Cobalt, et l'on ombre soit avec de l'indigo pur ou mêlé de laque, ou du bleu de Prusse selon la teinte de la fleur.

Fleurs jaunes.

Pour jonquille, narcisse jaune, rose jaune

---

(1) Voyez page 13, l'article *gris* ou *teinte neutre*.

tulipe jaune, boutons d'or, renoncules, etc., on se sert de jaune de Chrôme que l'on fonce avec du jaune indien, ou de la terre de Sienne brûlée.

Fleurs aurores ou orangées.

Pour le souci, la capucine, etc., employez d'abord du jaune de Chrôme mêlé avec du vermillon ; ombrez avec de la terre de Sienne brûlée.

Fleurs roses.

Pour la rose à cent feuilles, le laurier rose, le camélia double, la hyacinte, etc., on se sert de carmin, laissant le bord des pétales presque blanc.

Fleurs rouges.

Pour camélia simple, rose de Provins, etc., on emploie le carmin, et l'on ombre avec de la teinte neutre. Pour la grenade, on mêle un peu de jaune de Chrôme au carmin.

Fleurs d'un violet clair.

Pour violettes, primevères, oreilles d'ours etc., on emploie du bleu de Cobalt et de la laque ; on ombre avec du bleu de Prusse.

Fleurs d'un violet foncé.

Pour pensées, pois de senteur, etc., on se sert de bleu de Prusse et de laque ; on ombre avec de l'indigo.

Fleurs panachées.

Pour les œillets, les tulipes, etc, on donne d'abord la teinte locale, et l'on ombre la fleur; puis le panaché se fait comme les petites lignes des pommes et des poires.

Nota. *Les étamines et les pistils de toutes les fleurs se marquent au petit pinceau, avec du blanc leger que l'on recouvre ensuite de la couleur nécessaire.*

EMPLOI DES COULEURS

DANS

LA PEINTURE DES FEUILLES

ET DES TIGES.

Feuilles d'un vert clair.

L'on met partout une teinte de jaune de Chrôme, que l'on couvre ensuite d'une autre teinte vert pâle, (voyez vert pâle page 10).

Feuilles d'un vert plus foncé.

L'on met d'abord une teinte de jaune indien que l'on couvre ensuite d'une autre teinte, composée de jaune indien et d'indigo. (Voyez vert plus foncé, page 11).

Feuilles d'un vert très-foncé.

L'on peut mettre d'abord une teinte de terre de Sienne brûlée, qui se couvrira de vert fait d'indigo et de terre de Sienne. (Voyez vert très-foncé, page 11).

Le revers des feuilles.

Il se fait comme le dessus, sans mettre de jaune avant d'y appliquer le vert ; il faut au contraire quelquefois, ajouter à ce vert un peu de bleu.

Parties mortes des feuilles.

Elles se font avec de la terre de Sienne brûlée ou de la laque.

Nota. *Une pointe de carmin diminue le clair des verts ; on les fonce avec de l'indigo, et on les obscurcit davantage avec du noir.*

Tiges.

Les tiges en général sont faites de terre de Sienne brûlée, et on les ombre de noir.

DE LA PEINTURE DES PAPILLONS, OISEAUX, COQUILLAGES, etc.

Si l'on voulait entrer dans les détails d'opérations propres à chacun des objets d'histoire naturelle qui peuvent s'exécuter par le procédé, il faudrait faire connaître le procédé lui-même, ce qui n'est pas le but de l'auteur, qui se réserve de démontrer sa méthode, dans les six leçons qui forment le cours de chaque élève, seulement on dira que souvent on se sert d'or et d'argent en coquille pour former les reflets naturels qui embellissent certaines espèces d'oiseaux et de papillons.

MOYEN D'ESQUISSER
ET DE COLORER D'APRÈS NATURE.

1.° Pour Esquisser.

Ayez une vitre enchassée dans un cadre ; vers le milieu des bords du cadre, adaptez à trois ou à quatre pouces parallèlement à la vitre, une petite tringle en fil de fer qui supporte un œillet. Cet œillet qui doit se mouvoir d'un bout à l'autre de la tringle, se fait d'un morceau de carton mince, au milieu duquel on fait un trou, afin que l'œil se repose toujours au même point sur la vitre. Ce cadre doit pouvoir se fixer dans une position verticale, assez solidement pour ne pas bouger lorsque l'on tracera dessus. On place la vitre (enduite d'une couche de gomme arabique qu'on a laissée sécher), verticalement et tout contre l'objet que l'on veut copier, l'on se munit alors d'un poinçon ou de tout autre instrument aigu, en fer ou en cuivre, on applique un œil au trou de l'œillet fixé convenablement, et l'on trace les contours de l'objet sur la vitre, avec le poinçon. L'esquisse faite, on la calque sur du papier végétal. Pour utiliser de nouveau la vitre, on la lave, on l'essuie soigneusement, et on y applique une autre couche de gomme arabique. L'on esquise encore les feuilles en les mettant à plat, puis frottant vers leurs extrémités avec un pinceau chargé de couleur à la manière ordinaire.

2.° Pour Colorer.

Le coloris des objets pris d'après nature est d'autant plus difficile, qu'il n'y a aucune manière artificielle de guider l'élève, l'habitude seule est le meilleur maître.

Cependant, l'expérience que l'on a acquise en copiant de bons modèles, et les données contenues dans ce qui précède sur le mélange des couleurs, doivent beaucoup aider l'élève, surtout s'il a l'attention de placer l'objet qu'il veut copier, de manière à ce que la lumière ne vienne pas de plusieurs côtés, et s'il a soin d'éviter que cet objet ne soit entouré d'aucun autre objet étranger, dont le reflet des couleurs donnerait à son sujet des teintes fausses.

Il faut observer et faire sentir dans le coloris:
1.° La partie éclairée de l'objet;
2.° La demi-teinte;
3.° La teinte;
4.° L'ombre;
5.° Le reflet.

La partie éclairée se fait de la couleur locale de l'objet, mais très-faiblement exprimée; souvent même on laisse le papier entièrement blanc.

La demi-teinte est cette même couleur un peu plus fortement sentie et se perdant vers le point de lumière.

La teinte est la couleur propre de l'objet; c'est cette couleur qui, se fondant vers le point de lumière, forme la demi-teinte avant de s'évanouir vers ce point.

L'ombre est la teinte locale foncée.

Le reflet est opposé à la partie éclairée, et participe de la lumière de l'objet auquel il appartient, et de celle des objets voisins qui, frappée par la lumière, lui en renvoient une portion modifiée par leur couleur particulière. Des reflets vrais font tourner l'objet dont ils adoucissent les contours qui, sans eux, se découperaient durement.

En colorant les fleurs et le raisin, il faut bien faire attention que chaque grain ou chaque pétale ait individuellement l'air de tourner, et que la fleur ou la grappe entière tourne aussi ; c'est ce qui rend ces objets difficiles à imiter. On ne saurait trop recommander avant de se livrer à faire d'après nature, d'observer et de copier attentivement de bons modèles ; néanmoins, il est vrai de dire que le procédé diminue de beaucoup ces difficultés, et qu'avec du goût, on doit parvenir à les vaincre entièrement.

FIN.

Table.

Un mot sur la peinture orientale.   Page 5
Des couleurs et de leur mélange.   9
  De la boîte de couleurs.   Ibid.
  Du mélange des couleurs.   10
  Observations sur le mélange des couleurs.   14
Précautions utiles pour conserver la fraîcheur des peintures.   17
Emploi des couleurs dans la peinture des fruits.   18

Abricots.	18	Marrons et Châtaignes.	21
Brugnons rouges.	Ib.	Noisettes.	Ib.
Bigareaux.	19	Oranges.	Ib.
Cassis.	Ib.	Pêches.	22
Cerises.	Ib.	Poires et Pommes.	Ib.
Châtaignes.	Ib.	Prunes de Monsieur, etc.	Ib.
Citrons.	Ib.	Prunes de Reine-Claude	23
Fraises.	20	Raisins blancs.	Ib.
Groseilles blanches.	Ib.	Raisins noirs.	24
Groseilles rouges.	Ib.	Endroits tâchés des fruits.	Ib.
Groseilles rouges à maquereau.	21		
Groseilles vertes à maquereau.	Ib.		

Emploi des couleurs dans la peinture des fleurs. 25

Fleurs blanches.	25	Fleurs rouges.	26
Fleurs bleues.	Ib.	Fleurs d'un violet clair.	
Fleurs jaunes.	Ib.		27
Fleurs aurores ou orangées.	26	Fleurs d'un violet foncé.	Ib.
Fleurs roses.	Ib.	Fleurs panachées.	Ib.

Emploi des couleurs dans la peinture des feuilles et des tiges 28

Feuilles d'un vert clair.	28	Les revers des feuilles.	29
Feuilles d'un vert plus foncé.	Ib.	Parties mortes des feuilles.	Ib.
Feuilles d'un vert très-foncé.	Ib.	Tiges.	Ib.

De la peinture des papillons, oiseaux, coquillages, etc. 30

Moyen d'esquisser et de colorer d'après nature. 31

Pour esquisser. Ib.
Pour colorer. 32

FIN DE LA TABLE.

LILLE.—IMPRIMERIE DE BLOCQUEL.

www.ingramcontent.com/pod-product-compliance
Lightning Source LLC
Chambersburg PA
CBHW060647050426
42451CB00010B/1230